Claudia Schreiber · Kai Pannen

# Heimische Männerarten

Claudia Schreiber

# Heimische Männerarten

## Ein Bestimmungsbuch

Mit Bildern
von Kai Pannen

sanssouci

*Für meine Freundin Heidi Klein*

Unser gesamtes lieferbares Programm und
viele andere Informationen finden Sie unter
www.sanssouci-verlag.de

1 2 3 4 5 13 12 11 10 09

ISBN 978-3-8363-0168-8

Einbandgestaltung: Birgit Schweitzer, München,
unter Verwendung von Motiven von Kai Pannen
Satz und Layout: Nina Engel, München
Druck und Bindung:
Memminger MedienCentrum AG, Memmingen
Printed in Germany

# Inhaltsverzeichnis

## Kulturfolger, wandernd



## Kulturfolger, ortsfest

## Anhang

## Vorwort

Von den rund fünfzig Männerarten, die in Mitteleuropa vorkommen, wird im vorliegenden Band etwa die Hälfte erwähnt. Die meisten sind feste Partner, während die Übrigen als Durchzügler und Gäste auftreten. Aber auch unter Ehemännern gibt es einige Arten, die nur vor oder zu Beginn der Schwangerschaft bei uns verweilen und wenig später in andere Behausungen ziehen.

Wer Männer mit Erfolg bestimmen will, sollte wissen, worauf man schauen muss. Größe und Form, Behaarung und Bekleidung sind die auffälligsten Kennzeichen, ebenso wichtig sind Tageszeit und Ort, wo der Mann gesehen wird oder sich verbirgt.

Wie er sich bewegt, wie er spricht, wie er schwimmt oder womit er fliegt oder fährt, seine Nahrung aufnimmt oder wie er sich seiner Partnerin nähert – all diese Verhaltensmerkmale prägen die Bestimmung seiner Art.

Dieser Band lädt Sie ein, die Männer unserer Heimat besser kennen zu lernen; teilen wir doch mit ihnen die nähere oder weitere Umgebung, vom Paketzusteller auf der Straße bis zum Grünschnabel daheim, vom Lehrer in der Schule bis zum Drachenflieger am Himmel.

Dieses Buch will aber nicht nur als Bestimmungsbuch genutzt werden. Es fordert vielmehr durch seinen Aufbau aus jeweils abgeschlossenen Seiten auch zum Einstieg an beliebiger Stelle auf – einfach aus Freude an der bunten Vielfalt des Lebens, das uns umgibt, oder um die Art als solche zu bestaunen. Die Natur macht jeden Typ anders, ein neugieriges Studieren und auch Probieren immer neuer Männer ist darum eine Lust. Sie zu bewahren und zu schützen sollte uns eine Herzensangelegenheit sein. Dieses Buch macht uns Männerliebe dann doch etwas leichter.

*Herzlich,*
*Claudia Schreiber*

## Der Tourist

*homo hospitor*

Der Tourist tritt bei uns meist invasionsartig in Horden oder motorisiert in großen Schwärmen auf. Er zählt zu den Schädlingen, da seine panikartige Abreise das Straßennetz völlig lahmlegen kann; als Auslöser gelten Schul- oder Betriebsferien.
In historischen Innenstädten rennt er fast immer eilig dahin und bleibt dann plötzlich stehen. Oder er jagt bei Sonnenschein Partnerinnen und nutzt als Ansitz stundenlang Eisdielen. Ein typisches Verhalten bei Jagderfolg ist das gegenseitige Balzfüttern mit Löffel aus Sahnebechern.
Damit sich Touristengruppen in weitläufigen Museen und Kathedralen wiederfinden, schlagen sie vorab vereinbarte Signale auf den Boden der Gänge.
Im Winter ist der Tourist auf Bergen und Pisten zu beobachten und kommt oft in Gips verpackt wieder zu Hause an. Am Strand vermag er in nur wenigen Tagen Verbrennungen dritten Grades zu bilden, die später in großen Hautlappen leicht abfallen oder -blättern.

*Abb. 1: Hauptsaison*
*Abb. 2: Nachsaison*

1

2

Flugtouristen treffen sich im Super-last-minute-Urlaub zum sogenannten Wundertütenflug. Wo sie letztendlich zwei Wochen waren und mit wem, wissen sie auch nach der Rückkehr nicht zu sagen, fühlen sich aber durchaus gut erholt.
Ältere Touristen erleiden auf Durchreisen gelegentliche Herzstillstände, die ein geschulter Reiseleiter mit mobilem Defibrillator zügig beseitigt.

| | |
|---|---|
| DAFÜR | abwechslungsreiches Miteinander ohne Langeweile |
| DAGEGEN | wegen steigender Energiekosten ist er bald nur noch als Wandertourist heimatnah zu haben – könnte öde werden |

## Der Grünschnabel

*rostrum viride*

Diese Gattung gehört für viele von uns eher zur eigenen, bald flügge werdenden Brut statt zur Spezies der Männer, und doch: Biologisch und juristisch gehören sie ab einem gewissen Alter dazu, wir können sie an dieser Stelle nicht unerwähnt lassen.

Zur Begrüßung klatschen die Grünschnäbel, die sich niemals einzeln zeigen, sondern nur in Gruppen wandern, ihre Handflächen von oben, von unten oder/und vertikal aneinander und stoßen Rufe aus wie *Moin duaasch!* oder *Was gehdap ää?* Viele, die versehentlich Mütter dieser Art geworden sind, fühlen sich durch deren eintönig dreisilbige Rufe, die wie *ich ich ich* klingen und meist in Gegenwart eines vollen Geldbeutels ausgestoßen werden, belästigt.

Vielfältig ist seine Ernährung: Gleichgültig, ob roh oder von Oma zubereitet, verzehrt er alles in Sekunden und setzt doch selten Gewicht an. Ein einzelner Grünschnabel kann bis zu zehntausend Kalorien pro Tag verbrennen.

In Gesprächen mit Eltern oder Lehrern schläft er mit offenen Augen ein. Dazu wird ein Sperrmechanismus aktiviert, der das Schließen seiner Augenlider verhindert. Zuvor bringt ein Grünschnabel seinen Kopf über

1

2

den Schwerpunkt des Körpers, indem er den Hals in engen Windungen einmal um seine eigene Achse dreht. Dadurch kippt der Kopf nicht nach vorn, während er einnickt. Diese Fähigkeit behalten Männer im Erwachsenenalter unter erschwerten Bedingungen bei (Opernbesuch, Elternabend).

Heutzutage stehen die Grünschnäbel unter Naturschutz, wohingegen sie im alten Rom noch als Leckerbissen galten.

| | |
|---|---|
| Dafür | jung |
| Dagegen | zu jung |

*Abb 1: Grünschnabel-Restaurants erkennt man am festgeschraubten Interior.*
*Abb. 2: Letzer Schluck eines 49-jährigen Grünschnabels beim Ausscheiden aus der werberelevanten Zielgruppe*

## Der Sport-Cabriofahrer

*auriga aprica*

Wendig und wild – das sind nur vordergründig die Eigenschaften des Sport-Cabriofahrers. Die Wirklichkeit sieht anders aus, wenn man ihn aussteigen lässt. Oft ist er alt und abgelebt, sehr dürr und fahlgrau oder fettbeleibt mit beträchtlichem Haarausfall, in jedem Fall müde von der beruflichen Anstrengung, die nötig war, solch einen Wagen leasen zu können. Die prachtvolle Hubraumgröße und imposante Lautstärke des Motors trösten ihn über seine intimen Schwächen hinweg, eine solche Camouflage findet man häufig in der Natur.

Ein Sport-Cabriofahrer nimmt Verkehrsstörungen über schmale Schlitze auf, die am Knie sitzen, ein körperliches Merkmal, das nur er besitzt. Damit kann er Staus oder Gegenstände auf der Fahrbahn voraussehend wahrnehmen. Er besitzt ein sehr großes Revier mit mehreren Parkplätzen, die im Wechsel bezogen werden. Meist befindet er sich im Auto, er kann aber auch Aufzug oder Rolltreppe fahren. Er bevorzugt ex-

*Abb. 1: Eine Beifahrerin darf Wind nicht fürchten.*
*Abb. 2: Der Sport-Cabriofahrer bei Regen als kurzzeitiger Single*
*Abb. 3: Verarmtes Exemplar in langfristiger Einsamkeit*

1

2

3

ponierte Überholspuren, bei Regen und Schneefall ruht er in Garagen.
Seine Balzfahrt ist ein besonderes Schauspiel, bei dem die Beute mit spielerischer Eleganz gehetzt wird. Er ist seinen Freundinnen trotz Hilfe von Pharmazeutika ein seltener Sommergast, der sich unmittelbar nach bekannt werden eines Verlobungstermins ins subtropische Südeuropa zurückzieht.

| | |
|---|---|
| DAFÜR | zum Spazierenfahren geeignet |
| DAGEGEN | selbstverliebt und oft zu alt |

**Studie zur Entstehung des Bleifußes**
Italienische Wissenschaftler an der Università degli Studi di Padova fanden heraus, dass der mitteleuropäische Sport-Cabriofahrer durch die Veränderung eines einzigen Gens vor etwa 50 Millionen Jahren zur Raserei kam. Dieses Gen ließ der Spezies ungewöhnlich schwere Füße wachsen, rechts lagerten sich Schwermetalle ab. Das Gen namens DKL2 sorgt für eine in der Fußregion vergrößerte Wachstumsfuge. Dieses Gen, so Prof. Sebastiano Battisti, war zunächst nur bei Y-Chromosomenträgern aktiv, wohingegen es bei Frauen abgeschaltet war – bis Anfang des 20. Jahrhunderts, etwa mit der Erfindung des Spritzdüsenvergasers, einige freie Radikale des DKL2 auch bei Autofahrerinnen andocken konnten.

## Der Drachenflieger

*homo Ikarus*

Im Sommer sieht man bei entsprechend guter Wetterlage den kleinen Kameraden glückselig brummend durch die Luft schweben. Wenn er dicht über einen Teich oder einen See streicht und fast das Wasser berührt, kann er dabei Seerosen pflücken oder mitunter sogar kleine Fische schnappen. Seine großen Füße sind dafür bestens geeignet.
Der Drachenflieger schwingt sich mit einem immer schneller werdenden *huuuuiiiieiii* in die Höhe und gleitet dann mit gespreizten Flügeln, dabei stets rascher *oi-oi-oi* rufend, auf eine andere Warte hinan. Er ähnelt einem Kunstflieger, fliegt aber wesentlich langsamer und ohne Motorkraft, da er eine kleinere Geldbörse aufweist.
Er startet von Ende März bis Mitte Oktober, währenddessen dienen ihm die Wohnungen seiner nahen Freunde und entfernten Verwandten als Schlafplatz. Wenn diese ihn nicht mehr sehen können, baut er sich provisorische Schlafplätze im Freien aus Reisig und Knüppeln und polstert sie mit Lappen, Papier sowie Plastiktüten aus. Ein Drachenflieger überwintert ohne Flügel bewegungslos daheim auf der Couch im Wohnzimmer.

1

2

Sein gleichberechtigter Kamerad ist der an Strippen hängende Gleitschirmler, der augenblicklich als aktuellen Trend das Parawalking ausruft (hochquälen, runtergleiten). Als domestizierter Mutant dagegen betätigt sich ein Badehosenträger (siehe *Tourist*) als einmaliger Parasailing-Urlaubs-Flieger an der türkischen Riviera.

| | |
|---|---|
| Dafür | überaus friedlich und ausgeglichen, gesund und beweglich |
| Dagegen | entweder nie daheim oder dort inaktiv – wer es mag, dem sei er empfohlen |

*Abb. 1: Drachenflieger vergesellschaften sich gern, ohne miteinander zu tun haben zu müssen.*
*Abb. 2: Drachenflieger im Winterschlaf*

## Der Freiberufler

*operarius liber in paupertate*

Dieser Mann am unteren Ende der Einkommensskala gilt als Inbegriff der Freiheit, den man als solchen bestenfalls als Schauspieler im Fernsehen betrachten mag, sich aber keineswegs daheim als Partner wünscht.
Für einen überraschend kleinen Betrag meistert er schwere Arbeit von täglich mehr als zehn Stunden – und bricht dennoch nicht zusammen. Ein einfacher Versuch zeigt, dass man ihm sogar noch etliche Nachbesserungen für dasselbe Honorar aufzwingen kann; sein Rücken biegt dann zwar unter der Last ein wenig durch, aber er knickt nicht ein.
Zur Sicherung ihres Überlebenskampfes haben Freiberufler die Eigenart entwickelt, sich mit speziellen Klebstoffen an alle möglichen Auftraggeber anzuheften.
Oft erlangt ein Freiberufler durchaus kulturellen Status, gewinnt Preise und genießt Applaus. Dennoch verdient er meist weniger als fest angestellte Mitarbeiter einer Sauerkonservenfarbrik im ländlichen Raum.

*Abb. 1: Der Sozialstatus des Freiberuflers ist seit Jahrhunderten derselbe.*
*Abb. 2: Freiberufler unfrei, in unterschiedlichen Positionen*

1

2

Wegen der kargen Honorare ernähren sich diese Männer schlecht und verfügen so über einen sehr niedrigen Testosteronspiegel. Deshalb gelten Hormonpflaster in seinen Kreisen als Kick für die restlichen Lebensjahre – schon so mancher freie Journalist oder Oboist soll mit dem Pflästerchen am Leib zum Interview oder Konzert angetreten sein.

| | |
|---|---|
| DAFÜR | eignet sich gut zur Betreuung des Nachwuchses, da oft zu Nachtzeiten erwerbsaktiv oder in Zeiteinteilung beweglich |
| DAGEGEN | muss miternährt werden |

## Der Taucher

*mergus*

Für den weltabgewandten Taucher sind Felsspalten und Höhlen unter Wasser lebenswichtig, weil sie ihm Unterschlupf bieten. In der Deutschen Bucht findet er diese Bedingungen nur bei Helgoland erfüllt. Deshalb haben es Damen, die in Ausflugsschiffen dorthin unterwegs sind, nicht auf die Sehenswürdigkeiten dieser Insel abgesehen, sondern ausgerechnet auf diesen schweigsamen Mann. Zum Fang werden beköderte Handtaschen eingesetzt.

Auffallend ist die Körperhaltung des Tauchers bei Gefahr – gefächerte, steil aufgerichtete Flossen und ausgestreckter Brustkorb – und die nonverbalen Signale im Wasser, bestehend aus Blubbern, Schnauben, Winken und Schütteln. In der Tiefe ist der Taucher Störungen gegenüber am empfindlichsten, selbst kleinste Steinchen, die man ins Wasser wirft, können die Herren zur Flucht veranlassen. Wenn man sich ihm hingegen an Land körperlich annähert, erreicht der Testosteronspiegel des Tauchers das Hundertfache seines Normalwerts – deshalb sind sie in der Fortpflanzungszeit äußerst aggressiv. Manche Taucher greifen in den Flitterwochen sogar Fische an, die ihr Revier betreten. Die Jungen beginnen früh, ihre Schnorchel selbst zu

1

2

tragen und werden im Grundschulalter tauchfähig. Jüngere Taucher bilden Schwärme, während Ausgewachsene sich oft zu räuberischen Einzelgängern entwickeln.

Der Baggerseetaucher ist sehr viel kleiner und unbedeutender. Das Imponiergehabe des Meerestauchers an Land besteht einzig aus dem Herzeigen seiner teuren Ausrüstung (s. Abb. 1), der Baggerseetaucher wird ein solches Verhalten vergeblich imitieren, deshalb spielt er sich im Wasser durch plumpes Untertauchen und einander Haschen auf.

| | |
|---|---|
| Dafür | mutig und vorzeigbar, ein Vater in Aktion |
| Dagegen | kein Kuscheltyp, mit ihm ist keine Bergwanderung möglich |

*Abb. 1: Voll ausgereifter Einzelgänger*
*Abb. 2: Taucher in Aktion*

## Der Landwirt

*homo rusticus*

Der Landwirt zählt zu den robusten Männern Mitteleuropas. Er gilt als Sonderling, dem sich nur unverzagte Frauen nähern. Mit seiner herben, betont erdigen Art und seinen Hosen aus Breitcord oder gegerbter Tierhaut können viele Damen nichts anfangen. Er verhält sich mit seiner kompakten Figur recht statisch und ortsfest verwurzelt; seine Bewegungen beziehen sich meist nur auf Lageveränderungen des eigenen Körpers.

Darüber hinaus gibt es bei Landwirten über längere Zeit immer wiederkehrende Handlungen, die offenbar mit dem täglichen Hell-Dunkel-Wechsel zusammenhängen. So zeigt eine Studie der landwirtschaftlichen Lehr- und Versuchsanstalt Almesbach, dass sich Landwirte tagsüber im Sonnenlicht draußen aufhalten, während sie bei Dunkelheit nach innen wechseln und Häuser aufsuchen.

Auch bei seinen Anpflanzbewegungen orientiert sich ein Bauer im Wesentlichen an zwei Himmelskräften:

*Abb. 1: Früh am Morgen checkt er online die aktuellen Wetterverhältnisse und chattet mit der Milchpreiscommunity.*
*Abb. 2: Lageveränderungen eines Landwirts am Hof*

1

2

An der Erdanziehung für die allgemeine Richtung seiner Anpflanzung (Wurzeln nach unten!) sowie Lichteinfall für die Feineinstellung (Blätter nach oben!). Sprachlich ähnlich bipolar reichen ihm Unterscheidungen im Ja- oder Nein-, Voll- oder Leer-, Kartoffeln- oder Weizen- resp. Sportschau- oder Ehefrau-Bereich.
In Presseerklärungen des Bauernverbandes zeigen sich Landwirte Jahr für Jahr finanziell ruiniert, an der All-inclusive-Bar auf den Malediven dagegen ist er oft ein gern gesehener Gast. Wie das geschehen kann, ist nur als Wunder der Natur zu begreifen.

| | |
|---|---|
| Dafür | frische Luft, immer was zu essen im Haus, Gummistiefel werden ein *must have* |
| Dagegen | nicht geeignet für Allergikerinnen |

**Das Schweigen der Männer**

Torg Sīle und Saulius Jankus vom Āgenskalna-Institut in Riga hatten Freiwillige in einem Magnetresonanztomografen verschiedene Gedächtnistests absolvieren lassen. Dabei wurden männliche Versuchspersonen von Frauen befragt, wohingegen die Kontrollgruppe von Männern getestet wurde. Die Wissenschaftler verglichen nun die Hirnaktivität der beiden Gruppen.

Ein Gedächtnisfilter, der sogenannte präfrontale Cortex, den die lettischen Forscher bei diesen Studien entdeckt haben, sortiert hereinkommende Informationen vor und ermöglicht es einem Mann, sich auf Wesentliches zu konzentrieren und Unnötiges vor Erreichen des tiefer gelegten Gehirns auszufiltern.

Das renitente Schweigen von Ehemännern sei so erklärt worden: Sie filtern generell weibliche Datenquellen von Mutter oder Ehefrau aus, weil sie seit der Bronzezeit entweder belanglos schienen oder unangenehme Aufgaben zur Folge hatten, wohingegen männlich klingende Daten freien Durchlauf haben, weil sie interessant und angenehm waren bzw. seien, wie etwa durchziehende Büffelherden, Zoten oder Bundesligaergebnisse.

## Der Fernsehmoderator

*orator televisionis*

Es gibt zahlreiche Berichte über das agile Konkurrenzverhalten dieses Mannes, geschickt drückt er angeschlagene Artgenossen unter die Quote, bis diese in der Versenkung verschwinden. Manche fürchten bisweilen, dass der Fernsehmoderator auch bei seinen Zuschauern Schaden anrichtet, dies trifft jedoch nicht zu, er raubt allenfalls massenhaft Zeit. Außerhalb der Sendezeit ist er recht scheu und verschwindet in Gegenwart von Besuchergruppen hinter den Kulissen. Später fällt er in eine Starre, verborgen an einem Pool oder Strand. Mit etwas Glück kann man deshalb einen mitteleuropäischen Fernsehmoderator auch heute noch in freier Natur bei einem Sonnenbad beobachten, den Kopf immer nach oben gerichtet, damit Sonnenlicht auch unter sein Kinn fällt.

Geht seine Sendung wieder los, schluckt er erst einen lebenden Matjes, den er zuvor bis zur Benommenheit geschüttelt hat, dann löscht er mit etwas Wodka ab. Jedwede extravagante Zubereitung und Beschaffung

*Abb. 1: Fernsehmoderator mit seinen zwei besten Freunden*
*Abb. 2: Die Kamera sucht ihn, nicht er die Kamera.*

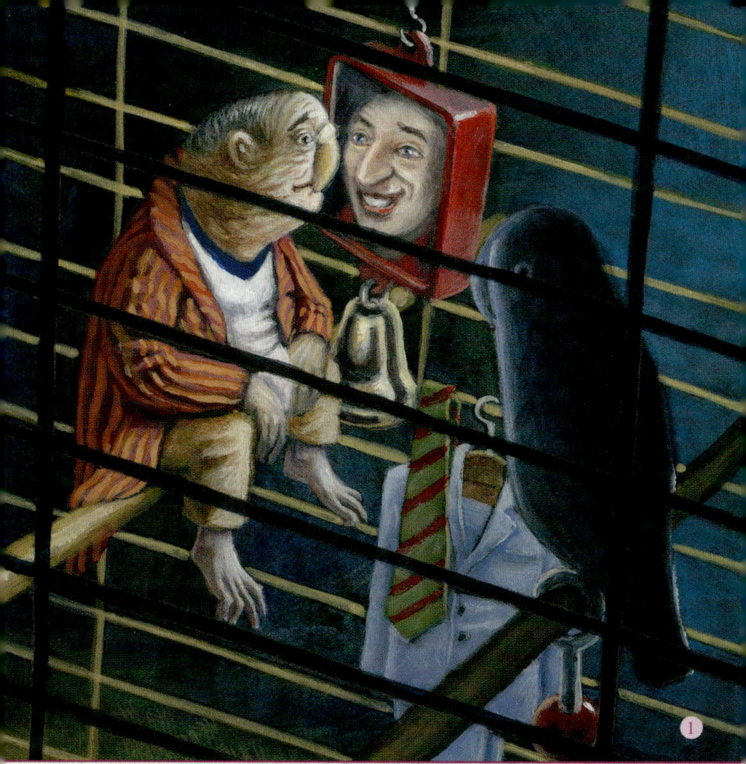

1

2

narkotisierender Stoffe hat er von seinem Artverwandten, dem Auslandskorrespondenten, gelernt.
Sein Kopf ist relativ klein, die Beine verhältnismäßig kurz, die Haut oft unrein oder verbrannt, und Bauch und Hüften sind bisweilen gewölbt. Der Fernsehmoderator ist darum einer der wenigen Männer, der sich ohne Scham in ein Korsett zwängen und schminken lässt. Auch helfen ihm Fußschemel im Studio oder Weichzeichner an Kameralinsen, sich am Bildschirm attraktiv zu zeigen. Das hat seine Wirkung, oft ist ein Fernsehmoderator gleichzeitig mit mehreren Frauen verpaart.

| | |
|---|---|
| DAFÜR | Einladungen zu Fernsehpreis-Empfängen mit kostenlosem Büfett obligatorisch |
| DAGEGEN | abgeschminkt ist er eine Enttäuschung |

## Der Angsthase

*lepus anxius*

Sprichwörtlich ist die Furchtsamkeit eines Angsthasen, er besitzt Erschütterungssensoren, mit denen er ansteigende Windstärke oder seine Schwiegermutter bereits aus vielen Kilometern Entfernung erspürt.
In der Familie der Angsthasen wird der Säugling nach der Geburt nicht gebadet, gewickelt und angekleidet, sondern entwickelt sich bis zum Abschluss des Abiturs in einer Stulpe am mütterlichen Körper. Die jungen Männer lösen sich erst kurz vor Verlassen des Elternhauses, flüchten an den Leib einer jüngeren, je nach Veranlagung weiblichen oder männlichen Person und sind somit zu keiner Zeit Kälte und Gefahr ausgesetzt.
Angsthasen lassen ihren Computer ständig offline, sie verlassen den Flughafen noch vor dem Flug, sie schwimmen nie, fahren allenfalls Schlitten statt Ski, suchen die Stille in Meditationsgruppen oder Umkleidekabinen, folgen den Göttern aller Religionen, sie schauen Kinderfernsehen und wählen Freie Wählergemeinschaften.
Schmerz und Schrecken lindert der Angsthase mit Versicherungspolicen in utopischer Höhe und Anzahl, Ehevertrag, Festgeldanlage, Beamtenkarriere, Alarmanlagen, 30-Jahres-Garantien gegen Durchrosten. Ihn

1

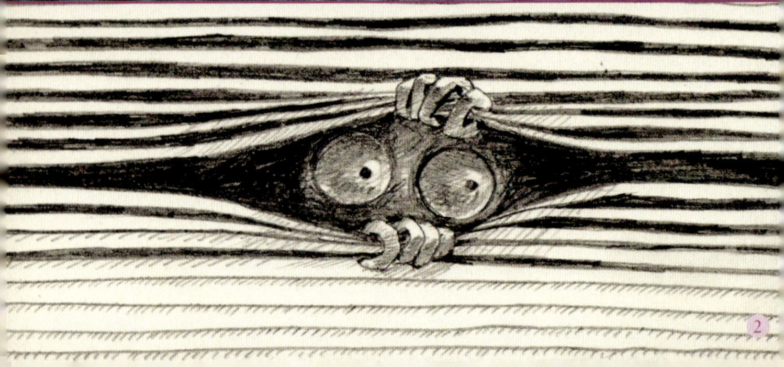

2

plagen Zukunftsängste derart, dass ein Rettungsschlauchboot in der Garage bereitsteht, beladen mit Gaskocher, Konservendosen und Frischwasser. Er nutzt jede Art der Gesundheitsvorsorge und leidet dennoch unter schwerer Hypochondrie. Und doch ist die Lebensaufgabe eines Angsthasen mit seinem kapitalen Scheitern erfüllt.

| | |
|---|---|
| Dafür | treu bis zuletzt |
| Dagegen | langweilig, extrem abergläubig |

*Abb. 1: Angsthase außen*
*Abb. 2: Angsthase innen*

## Der Eigenheimbesitzer

*dominus domus*

Der Eigenheimbesitzer ist in ganz Mitteleuropa flächendeckend verbreitet. Er baut sein viereckiges Haus meist in eben erst erschlossene kahle Neubaugebiete. Natürliche Feinde des Eigenheimbesitzers sind teure Elektrotechniker, Wasser im Keller und die Bauabnahme.
Sein Sexualleben ist ein einziger intimer Rückzug. Am Arbeitsplatz mimt er den scheuen Gesellen, in den eigenen vier Wänden aber weiß allein seine Ehefrau um seine animalische Lust, weshalb ein Eigenheimbesitzer alleinstehende Lagen schätzt, um sich auch akustisch zu verwirklichen. Ein- bis fünfmal im Leben kommen Junge zur Welt, die in umgebauten oder angebauten Räumen aufgezogen werden. Sein Leben widmet er abwechselnd Steinarrangements oder Teichanlagen mit Wasserpflanzen und Springbrunnen, Partyräumen, Pergola oder Parkett. Seinen Handwerksutensilien baut er einen Schrein im Keller.

*Abb. 1: Seliger Feierabend nach dem Bau*
*Abb. 2: Individualisierung als Lebensform*

1

2

Im Bayerischen Schwaben finden sich Exemplare, die ihre Fenster mit Gittern und ihre Gärten großflächig mit Waschbetonplatten schützen. Das Eigenheim eines Mittelhessen ist winzig, das eines Oligarchen freistehend am Hang, geschmückt mit opulentem Blumenarrangement.

Der Laubenpieper hat eine gewissen Ähnlichkeit mit dem Eigenheimbesitzer, ist aber wesentlich kleiner und sexuell nicht aktiv. Der Laubenpieper lebt streng territorial, duldet außer zum Grillfest keinen Artgenossen im umzäumten Gebiet.

| | |
|---|---|
| DAFÜR | Geheimtipp als Liebhaber (Ausnahmen beachten!) |
| DAGEGEN | zu viele Tiere, Schwiegereltern und Kinder im Haus |

## Der Geizhals

*homo avarus*

Dieser giftige Mann hat schon viele Männerliebhaberinnen irregeführt. Der Geizhals zählt wie der genießbare Eigenheimbesitzer zu den in Mitteleuropa heimischen Dickkopfarten und sieht diesem zum Verwechseln ähnlich. Dabei gibt es ein sicheres Unterscheidungsmerkmal: Wenn man einen Geizhals um Kleingeld bittet, verfärbt sich dessen helle Haut blutrot.

Die Geizhälse haben sich preiswerte Wege erschlossen, auf denen sie an benötigte Nahrung kommen. Viele ernähren sich parasitär, sie zapfen einfach die Kühlschränke ihrer Nachbarn an oder besuchen verräterisch oft zur Mittagszeit ihre alte Mutter. Es sind aber auch räuberische Exemplare beobachtet worden, die auf Fußböden großer Einkaufszentren winzige Klebefallen auslegen, an denen sich Lebensmittel fangen, die hinter der Kasse vom Band fallen. Mecklenburgische und saarländische Einzelstücke sind noch heute in der Lage, tote organische Substanz (Holzreste, Hühnerknochen o. Ä.) zu verdauen. Er hätte die finanziellen Möglichkeiten, in einer Villa zu wohnen, haust aber in Sozialblöcken oder Einliegerwohnungen und kleidet seine Familie beim Roten Kreuz ein.

1

2

Wer sich trotz aller Schwierigkeiten mit einem Geizhals einlässt und abwarten kann, bis sein karger Lebenswandel ihn gesundheitlich ruiniert, sollte ihn zuvor ehelichen. Damit sein Reichtum auch genossen werden kann, sollten sich nur sehr junge Frauen an diese Männer wagen.

| | |
|---|---|
| Dafür | seine Rücklagen |
| Dagegen | ohne Vermögen inakzeptabel |

*Abb. 1: Der ländliche Geizkragen trägt sein Vermögen direkt am Körper.*
*Abb. 2: Der städtische Geizkragen verscharrt sein Hab und Gut in weitläufigen Gängen und Höhlen.*

## Der Paketzusteller

*cursor publicus*

Diesen in ganz Mitteleuropa heimischen Mann kann man auf allen Straßen und Plätzen in zweiter Reihe parkend beobachten, da er ein ausgesprochener Kulturfolger ist. Er geht dicht über dem Boden und kann daher leicht übersehen werden. Er trägt ein durchgehend gelbes oder braunes Kleid und ruft in Sprechanlagen *ups* oder scharf *post*.

Der Paketzusteller ist Tag und Nacht aktiv, obgleich wir ihn nur an Vormittagen an unseren Haustüren zu Gesicht bekommen. Damen, die mit ihm verwandt sind oder von ihm getrennt leben, berichten, dass er kaum in der eigenen Wohnung verweilt, sondern nachts seine Pakete aus Flugzeugen in Kleintransporter verlädt und tagsüber diese Ladungen mit hoher Geschwindigkeit verteilt.

Da ein Paketzusteller kaum daheim ist, findet sein Sexualleben und die Befruchtung außerhalb des Körpers statt, wie das in der Regel bei Fischen oder künstlicher Befruchtung geschieht.

*Abb. 1: Man weiß über den Verbleib eines Paketes mehr als über Aufenthalt und Ankunftszeit des eigenen Gatten.*

1

In der kurzen arbeitsfreien Zeit ist der Paketzusteller auf Nahrungssuche, die sich zwischen Imbissbuden und Schnellrestaurants abspielt. Bei seinem hektischen Lebensstil verbraucht er so viel Energie, dass er beständig vom Hungertod bedroht ist, wenn er ungefähr drei Stunden ohne Nahrung bleibt. Nahrungsmangel oder Kälte kann daher bei ihm zum Schocktod führen. Deshalb findet man oft nach kalten Herbstnächten tote Paketzusteller auf Gartenwegen (siehe Abb. 2).

| | |
|---|---|
| DAFÜR | Steuerklasse 3 und trotzdem keinen Ärger mit der Ehe |
| DAGEGEN | Liebesleben sehr lustlos |

*Abb. 2: Zustellungsstörung*

## Der Bänker

*negotians*

Auffallend am Bänker ist sein einheitliches dunkles Äußeres im Anzug und Wagen, jahreszeitabhängig wechselt er Krawatte oder – je nach Habit – Reifen. Je nachdem, welche Lebensbedingungen er wählt, bildet er unterschiedliche Formen aus, etwa als Raiffeisen Bänker, niedersächsischer Landesbänker, EZBler und so weiter. Oft nimmt der Arbeitgeber selbst im Zuge von Fusionen eine Umbenennung vor.

Der Bänker ist sehr anpassungsfähig und verträgt sogar leicht ins Minus gehende Konten. Ein zufriedener Kleinkundenkreis dient ihm als Tarnung, während er auf fette Beute lauert. Der Bänker schnappt bei Zahlungsverzögerungen von über einer Woche nach allem, was sich zu Profit für seine Bank machen lässt.

Wenn ein in Not geratener Stammkunde für nur sehr kurze Zeit um einen Kredit bittet, legt sich der Bänker in seinem Büro auf den Rücken, lässt die Zunge heraushängen und sondert eine übel riechende Flüssigkeit ab. Diese täuscht Verwesung vor: Er stellt sich tot, ist nicht mehr ansprechbar. In eigenen Angelegenheiten allerdings sind Bänker kulant und äußerst wachsam. Bei Bekanntwerden ihrer Bilanzfälschungen tauchen sie rasch ab.

1

2

Ein eindrucksvolles Ereignis ist der jährliche Gang zur Börse, die sogenannte Krötenwanderung. Innerhalb weniger Tage verlassen die Bänker in Scharen ihre Büros und machen sich auf nach Frankfurt. Viele Bänker fallen dabei der freien Marktwirtschaft zum Opfer, andere vermehren ihr Vermögen in südasiatischen Tümpeln und Hochhäusern in Dubai.

| | |
|---|---|
| Dafür | meist gut situiert und immer korrekt gekleidet |
| Dagegen | in Unterhaltsberechnungen blitzartig bettelarm |

*Abb. 1: Vorsicht bei Krötenwanderungen!*
*Abb. 2: Erfolgreicher Verkauf von Derivaten*

## Der Spaßvogel

*avis ridiculusi*

Die Familie des Spaßvogels war in Mitteleuropa mit keiner Art vertreten, bis er 1954 aus Nordamerika eingeführt und in unserer Heimat ausgesetzt wurde.
Das Experiment ist geglückt, der Spaßvogel ist bei uns heimisch geworden; es gibt heute mehrere zehntausend Exemplare. Da er keine natürlichen Feinde hat, vermehrt er sich zusehends und wird bisweilen auf manchen Fernsehkanälen zur Plage.
Der Spaßvogel wird ausschließlich in der Dunkelheit aktiv. Ein entfernter Verwandter ist der auf Kleinkunstbühnen gehaltene Kleine Spaßvogel: Er lernt oft Geräusche täuschend echt zu imitieren und Lieder sowie menschliche Wörter nachzuahmen. Laut schäkernd ruft der Spaßvogel *Gunabnd, meine Damunherren*, außerdem lässt er noch andere Rufe hören. Auffallend sind seine großen beweglichen Ohren, mit denen er auch leisesten Applaus wahrnehmen kann. Bei uns leben sie vor allem in Hotels, als Allesfresser und -säufer plündern sie nicht selten die Minibars, im Sommer

*Abb. 1: Spaßvogel während der Arbeit*

vergesellschaften sie sich gern und ziehen schnorrend durch Ferienklubs.

Ausgewachsene Spaßvögel werden von Jungspaßvögeln in deren Revier oft heftig angegriffen, mit Kot bespritzt und davongejagt (Schmidtpocher-Syndrom).

| | |
|---|---|
| DAFÜR | überaus geeignet für gehörlose Damen, die gern reisen |
| DAGEGEN | wer einen vernünftigen Vater für seine Kinder sucht, sollte ihn meiden |

*Abb. 2: Nach der Arbeit*

## Der Arzt

*medicus*

Erste Ärzte sind fossil schon aus der Devonzeit bekannt. Auch die Größten ihrer Art begannen ihr Leben als winzige Patienten, die aus mancherlei Gründen nur geringe Überlebenschancen hatten. Sie erwiesen sich jedoch in reichen Familien anderen Kindern mit gleicher Intelligenz als weit überlegen.

Bereits 1871 hatte Darwin die Vermutung aufgestellt, dass größere und auffälligere Behausungen, auch Arztpraxen genannt, mehr weibliche Aufmerksamkeit auf sich ziehen. Mit den dort niedergelassenen Ärzten paart man sich öfter und sorgt so für beste Ernährung und Erbe für den Nachwuchs.

Ärzte verkörpern heutzutage nicht mehr die mit Abstand erfolgreichste männliche Lebensform, vergessen sind seine typischen Kennzeichen wie Haus, Auto, Pferd und Boot. Seine natürlichen Feinde wurden Anwälte mit Entschädigungsklagen, die Kassenärztliche Vereinigung und die Gesundheitsreform. Existenzstabilisierend sind einzig noch Grippewellen und hysterische Ängste davor sowie seltener Reihenuntersuchungen in Großbetrieben.

Auf seinem Weg nach oben benutzt der Arzt damals wie heute Objekte seiner Umgebung als Kletterhilfe.

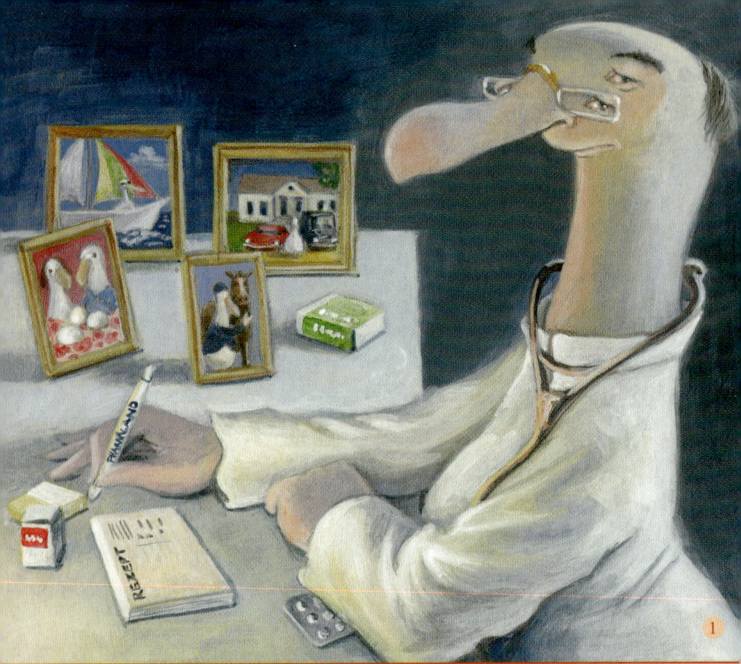


1

2

So umkreist der wachsende Chirurg zum Beispiel seine Stütze, die Chirurgengattin, in Spiralbewegungen. Er wächst gut an ihr nach oben, drückt ihr aber bald die Luft ab. Wenn sie davon schwach wird oder gar selbst an ihm ranken möchte, wird sie abgeworfen und durch eine frische Stütze ersetzt (vergl. auch Bänker, Sport-Cabriofahrer, Politiker).

| | |
|---|---|
| Dafür | keine Rezeptzuzahlung wegen der vielen Pharmaproben daheim |
| Dagegen | anhaltende Müdigkeit des Partners wegen der Nacht- und Wochenenddienste |

*Abb. 1: Die Besitztümer von einst sind als Erinnerung archiviert.*
*Abb. 2: Rekonstruktion eines urzeitlichen Exemplars*

## Der Politiker

*homo politicus*

Im Wahlkampf versammeln sich verschiedenfarbige Exemplare des Politikers in Fußgängerzonen, Parlamenten und Fernsehstudios zu Rededuellen, bei denen sich ihr heiseres Zischen abwechselt mit hohen schrillen Tönen, die sie ausstoßen. Kaum jedoch sitzen sie gemeinsam in Kneipen, umarmen, küssen, essen und trinken sie mit ihren natürlichen Feinden.
Ihre persönlichen Referenten kümmern sich um die Rechnung, Flugtickets und Bahnfahrscheine werden ihm gereicht, kein Politiker lenkt sein Auto selbst oder geht einkaufen. Diese Lebensweise lässt ihn sozial verelenden. Vor dem Ruhestand wird er in einem Brüsseler Biotop ausgesetzt und künstlich mit Bedeutsamkeit bestrahlt, sonst würde er eingehen.
Ein Politiker vollzieht formal immer, emotional aber selten eine erkennbare Paarbildung, sie geben sich sehr unverträglich. Die Gattinnen kümmern sich allein um die Jungen, während er sich fast das ganze Jahr über junggesellig verhält.

*Abb. 1: Der Politiker passt seine Färbung der Umgebung an.*
*Abb. 2: Das angeborene Mandat*

1

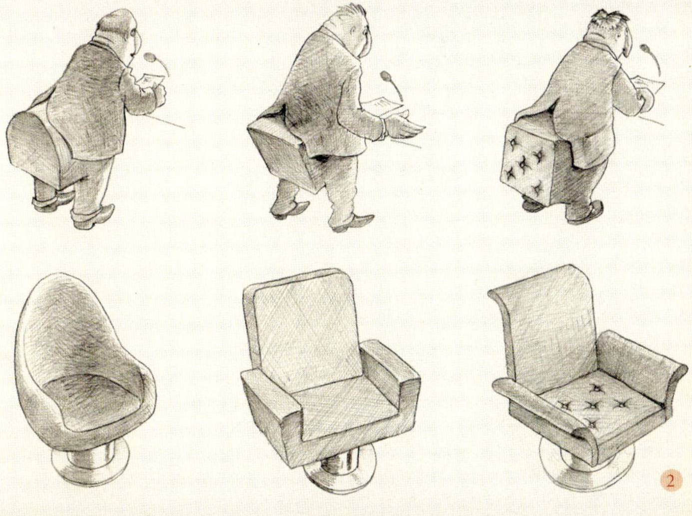

2

Einige Politiker sind in der Lage, ihr Hinterteil exakt ihrem Sitz im Parlament anzupassen und sich mit einem immensen Druck festzusaugen. Nachts lösen sie sich von diesem Platz, um schlafen zu gehen, und wandern am Tag wieder auf die exakt gleiche Stelle zurück. Bei den Jungpolitikern dient der Sohlenschleim zum besseren Gleiten bei der Fortbewegung.

| | |
|---|---|
| Dafür | entzückende Bodyguards in Garten und Haus |
| Dagegen | einsame Tage und Nächte, beständig sprechender Partner |

**Die Sprache der Politiker**

Seit langem rätseln Biologen darüber, welche seiner Qualitäten ihn für Frauen anziehend macht, beziehungsweise welches Scheitern eine Trennung verursacht: sein Aussehen, seine Umfragewerte oder seine Sprachgewalt? Dr. Henk van Mink hat zusammen mit seinem Team von der Universiteit Maastricht das Paarungsverhalten der Politikerpaare detailliert untersucht. Dazu spielte er den Eheleuten zuvor aufgezeichnete Parlamentsreden der Konkurrenten vor. Konnte ein Staatssekretär vor seiner Frau nicht eloquent genug kontern, musste er damit rechnen, dass die Zahl der von anderen Männern gezeugten Nachkommen im eigenen Haus steigt. Die Gattinnen im Ministerrang reagierten deutlich heftiger auf das Versagen ihrer Partner vor Publikum: Sie suchen sich einfach einen neuen Vater für ihre Kinder.

Die in der Hierarchie weit unten angesiedelten Hinterbänkler müssen sich solche Sorgen offenbar nicht machen. Selbst wenn deren Frauen gestammelten Vorlagen ihres eigenen Mannes lauschten, konnten die Forscher danach keinen übermäßigen Partnerwechsel der Gattinnen ausmachen.

Dr. van Mink hat dafür eine einfache Erklärung: Die Gefährtinnen der unterprivilegierten Männer sind bereits daran gewöhnt, dass ihre Partner im Leben verlieren. Diese Frauen bleiben mehr oder weniger treu.

## Der Kunde

*emptor*

Mitteleuropaweit sind etwa 500 verschiedene Typen aus der Art des Gemeinen Stänkerers bekannt, etwa der Autokäufer, der Buchhandelskunde oder der Sonnenstudiobesucher. Gemeint ist hier das Maskulinum *der Kunde* als Sachen- oder Dienstleistungsbesorger; das Femininum *die Kunde* ist an dieser Stelle, dass es leider auch Frauen dieses Schlages gibt: Sie verhalten sich oft extrem pampig. Durch den Schutz, den die Kunden seit der Kapitalisierung Mitteleuropas als Unantastbare genießen, ist die Population überbevölkert; seine Bestände sind äußerst aggressiv geworden.

Der Kunde ist ein Allesfresser, mit seinem vorgestülpten Maul nimmt er von Verkaufstresen alle Proben auf, auch wenn es bloß kleine Wurstreste oder trockene Brotkrumen sind.

Die Zähne des Kunden sitzen im Kiefer in Reihen angeordnet, er klappt sie in Kaufgesprächen nach außen um. Renitente Kunden tragen ihr Gebiss jedoch nicht nur im Gesicht, sondern bei Rabatt- oder Sonderwün-

*Abb. 1: Man kann einen unzufriedenen Kunden auch zum Schleifen und Polieren von Holz nutzen.*
*Abb. 2: Das »red-cross«-Label wird* en vogue.

SONDERANGEBOTE
PREISKNALLER
1

2

schen als Hautzähne auf dem ganzen Körper. Diese scharfen Kundenschuppen sind so ausgerichtet, dass sich die Haut glatt anfühlt, wenn eine Verkäuferin dem Kunden das Doppelte zum halben Preis anbietet. Wenn sie dieses Entgegenkommen verweigert, fühlt er sich derart rau an, dass seine Außenhaut die Nerven der Dienstleister zum Reißen bringt.

| | |
|---|---|
| DAFÜR | ausgezeichneter Begleiter beim Einkauf |
| DAGEGEN | chronisch schlecht gelaunt und unzufrieden |

## Der Immobilienmakler

*procurator aedificii*

An den zerklüfteten Mauern alter Fachwerkhäuser huscht der einzelgängerische Immobilienmakler an sonnigen Tagen umher und kann sogar an Wänden mühelos auf- und abwärts laufen. Es sind territoriale Männer, die ihr Revier oder zumindest ihre derzeitigen Objekte mit dem Sekret ihrer Schweißdrüsen oder – seltener – an Außenwänden mit Urin markieren.
Diese Männer erjagen Altbau, Neubau, Büros und Werkhallen, verschmähen aber auch einfache Bauplätze nicht. Sie sind sehr fressgierig und wachsen dementsprechend rasch. Der Immobilienmakler kommt in wandernden ebenso wie ortstreuen Beständen vor.
Ein mit quietschbunter Krawatte bekleideter Immobilienmakler ähnelt in seiner sich windenden Art auf den ersten Blick den Schlangen. Dies wird ihm oft zum Verhängnis, weil Menschen ihn für gefährlich halten und erschlagen. In Wirklichkeit ist er ein harmloser Agent, bei Gefahr versteckt er sich ängstlich im Keller.
Die Terminologie des Geschlechtsverkehrs scheint ihm oft verwirrend, hält er eine Beiwohnung gelegentlich für eine Einliegerimmobilie. Doch sein Liebesspiel ist ein spektakulärer Vorgang, der noch nie von Unbe-

1

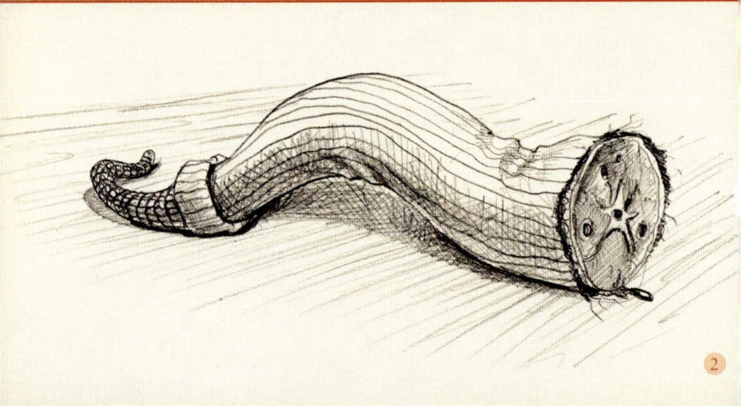

2

teiligten beobachtet oder gar gefilmt werden konnte, aber in Fachzeitschriften beschrieben wird: Ein Immobilienmakler beißt sich bei der Paarung am Rücken seiner Freundin oder Frau fest, biegt seinen Körper herum und vollzieht so den Akt. Er hat einen Kopulationsapparat, der solches ermöglicht.

| | |
|---|---|
| Dafür | gute Wohnverhältnisse, aufregendes Liebesleben |
| Dagegen | kein Romantiker, für ihn ist jede blühende Wiese Bauerwartungsland, jeder Wald noch nicht gerodet |

*Abb. 1: Kontakt über Anzeigen ist durchaus üblich.*
*Abb. 2: Nicht am Schwanz ziehen – er fällt ab und wächst erst später wieder nach.*

## Der Schwätzer

*homo laber*

Diese Art ist in vielen Erscheinungen gesichtet worden, ob massiv mit teurer Armbanduhr oder schlaksig im karierten Hemd, ob mit Mentholzigarettensucht oder Schweißflecken, ob Vegetarier oder Viehtreiber: Kennzeichnend für den Schwätzer ist allein sein ununterbrochener Redefluss, den er an jedem Ort mit oder ohne technische Hilfsmittel zu Gehör bringt. Er grüßt lauthals im Frühstücksraum des Hotels fremde Gäste, als sei er der Maître de Plaisir. Er plaudert in Zugabteilen oder im Flugzeug, auf Konferenzen oder beim Bäcker, im Taxi oder im Restaurant über sein Hotelzimmer in Schwerin oder Sotschi, er beleidigt am Telefon seine Sekretärin, versetzt seine Ehefrau und verabredet sich just-in-time mit Susi. Er faselt in sein Handy, als sitze er isoliert in seiner Kemenate oder der Herrentoilette. Als unfreiwilliger Reisebegleiter erfährt man ohne Not von seinen Zahlungsschwierigkeiten, Businessplänen, Kündigungsabsichten und seinen körperlichen Gebrechen. Zugleich beschwert

*Abb. 1: Schwatzender Schwätzer*
*Abb. 2: Verstummter Schwätzer*

1

1
2
3
4
2

er sich lärmend bei allen über alles, sei es Kellner, Kollegin oder Zugbegleiter; er prahlt oder droht, er spiele mit *Sowieso* Tennis oder sei bei *Siewissenschon* gern gesehener Gast.

Das Bundesgesundheitsministerium erwägt inzwischen ein Sprechverbot in öffentlichen Räumen oder kleinere schallgeschützte Zellen in Zügen, da die Magengeschwürrate von Benutzern öffentlicher Verkehrsmittel nachweislich gestiegen ist.

| | |
|---|---|
| DAFÜR | wenigstens spricht der Mann |
| DAGEGEN | Passivhören kann tödlich sein |

*Abb. 3: Eheleben eines Schwätzers*

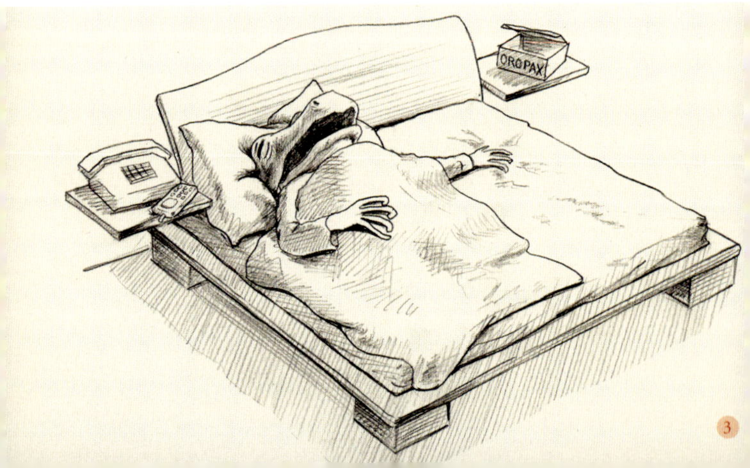

**Vom Aussterben bedroht: Die wilden Männer**

Hunnen, Gladiatoren, Ritter, Henker, Narren, Zauberer und Staubsaugervertreter – viele aus der einst reichhaltigen Schar wilder Männer sind heute kaum noch dem Namen nach bekannt.

Viele von ihnen waren alteingesessene und traditionelle Begleiter außergewöhnlicher Frauen. In der Neuzeit lichtete das weibliche Geschlecht nach und nach dieses Männerdickicht und wandelte es in eine Kulturlandschaft um. Damit ging eine beträchtliche Verarmung einher. Der Nutzen wilder Männer scheint heute vielen Frauen nicht mehr erkennbar.

So wirkt in diesen Tagen ein Spaziergang oft ernüchternd: Horizontweit präsentieren sich Männer in monochromem Schwarzgrau, auch in Fußgängerzonen, Parks und Kneipen vermisst man jeden bunten Blickfang, hört man keinen Ton. Rülpser, Hinterherpfeifer oder Unrasierte fehlen, die einst weit verbreitete Art des Minnesängers ist nicht einmal mehr vom Hörensagen bekannt. Der früher fast an jeder Ecke vorkommende Flegel steht symbolhaft für den starken Artenrückgang.

Wenn einzelne Exemplare dennoch bis zur Gegenwart überdauern konnten, lag dies am zufälligen Fehlen rigoroser Bekämpfungsmittel wie dreigliedriges Schulsystem, Muttertag oder Badezimmer. In den vergangenen Jahren erwacht bei einigen Frauen neues Interesse an dieser Art. Aus gutem Grund sind daher europaweit gezielte Schutzmaßnahmen angelaufen (Kampfsportstudios, Insolvenzen und Dschungel-Camps), um uns die breite Schar wilder Männer zu erhalten.

## Der Friseur

*tonsor*

Der ausdrucksvolle, hochgewachsene Mann weist eine schmale Figur mit perfekt sitzender Kleidung und gepflegten Fingern auf. Die Besten dieser herrlichen Art finden sich meist in Gesellschaft eines gewissen Horst oder Pierre, die Paare führen oft eine Saisonbeziehung.

Ein Friseur eröffnet Salons neben Straßen, Bäumen und Strommasten, er bevorzugt offene feuchte Räume. Seine arbeitenden Hände stehen mit einem komplizierten Gefäßsystem auf Rollschränken in Verbindung und funktionieren nach einem hydraulischen Prinzip. Er ernährt sich ausschließlich von Haaren anderer Leute. Bei der Auswahl seiner Beute ist er keineswegs wählerisch, er nimmt in seinem Salon auf, was einen Termin hat oder auch nicht, weshalb man den Friseur als Umsatzopportunisten bezeichnet.

Seine Arbeitsmethode ist höchst charakteristisch und macht ihn schon aus weiter Entfernung erkennbar: Er schreitet auf dem Weg zu Spiegel und Kunden kreuz

*Abb. 1: Was macht er montags?*
*Abb. 2: Sein Beruf kann zum Hobby werden.*

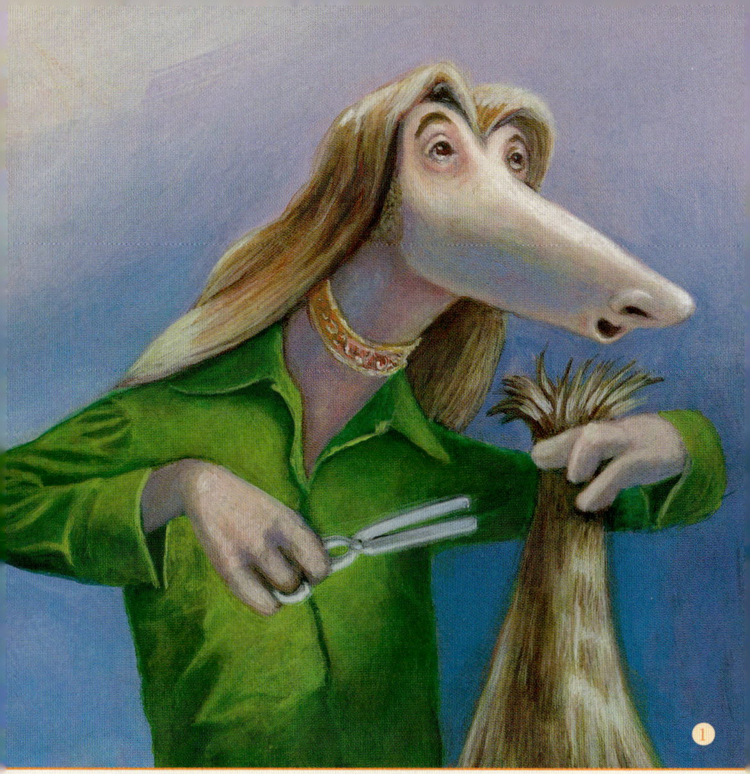
1

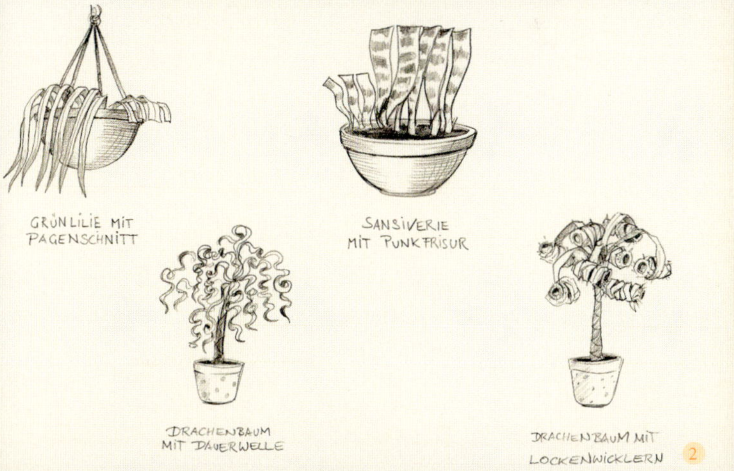
GRÜNLILIE MIT
PAGENSCHNITT
SANSIVERIE
MIT PUNKFRISUR
DRACHENBAUM
MIT DAUERWELLE
DRACHENBAUM MIT
LOCKENWICKLERN
2

und quer durch seinen Salon, föhnt hier, lacht da, und stößt dann blitzartig mit seiner Schere auf eine Kundin hinab. Nun ist sein charakteristisches Scherenklappern zu hören, währenddessen er den Kopf auf den Rücken legt und interessanteste Neuigkeiten laut keckernd verbreitet. Keinerlei Verwandtschaft zeigt der Friseur übrigens zur Gattung des Herrenfriseurs, der zur Familie der Landwirte gehört und den Schädel eines Mannes eher mäht oder Locken vertikutiert.

| | |
|---|---|
| DAFÜR | sehr angenehmer Gesprächspartner, Schwesternersatz |
| DAGEGEN | Kontakt zu ihm muss regelmäßig bezahlt werden |

*Abb. 3: Dann lieber Haarausfall!*

## Der Lehrer
*paedagogus*

Lehrer sind grünpflanzenähnliche Männer mit glattwandigem Körper, die sich in großen Pausen zu Haufen zusammenziehen. Diese Männerart begegnet uns in streng zu unterscheidenden Formen (Deutsch, Bio, Sport), die doch einen gemeinsamen evolutionären Strang haben (Lehramtsstudiengang).
Gefährlichster Feind des Lehrers sind Elternabende und Zeugniskonferenzen. Seine Nahrung besteht vor allem aus Butterbroten, wobei die Tagesmenge der verzehrten Pausenmahlzeit dem fünftel Körpergewicht des Lehrers entspricht.
Zur Paarungszeit nähert er sich bevorzugt gleichberuflichen Erzieherinnen und zieht so lange an den Armen der Damen, bis eine nachgibt und ihre Lippen etwas öffnet. Das genügt diesem Mann, um sich hineinzustülpen.
Er heiratet nur einmal im Leben, mit der Trauung treibt er plötzlich aus. Das rein vegetative Gebilde, das bisher nur in Jeans und Sweatshirts herumlief, wird ein blumiges Dekorationsstück: Ein Lehrer als voll erblühter Bräutigam ist ein Blickfang in der Kirche und beim Tortenanschneiden.
Mit Abblühen schon kurz nach den Flitterwochen

1

2

setzen beim Lehrer unumkehrbare Alterungsprozesse ein, die nach wenigen Monaten mit dem Absterben des Individuums enden. Allerdings kann er sich trotz seiner chronischen Dystonien noch erstaunlich gut beruflich betätigen und für das Familieneinkommen sorgen. Vegetativ und ökonomisch ist er somit eine der langlebigsten und einträglichsten Spezies Mitteleuropas.

| | |
|---|---|
| Dafür | zuverlässiger Broterwerber |
| Dagegen | zu kurze Blühphase |

**Wie Schulnoten zustande kommen**

Dr. Matthias Dingsbach, Kommunikationswissenschaftler der Universität Zahlbach, untersuchte die Macht der ersten Sekunden im Unterricht.

Nach nur 120 Sekunden in einer neuen Schulklasse sollten befragte Lehrkräfte anhand von Fragebögen einschätzen, wie sie die jeweiligen Leistungen der ihnen unbekannten Schülerinnen und Schüler beurteilen. Kurz vor den Zeugniskonferenzen wurden die Resultate erneut überprüft: Die Beurteilungen hatten sich kaum verändert. Dr. Dingsbach folgerte, dass der nur wenige Sekunden dauernde erste Eindruck eines Lehrers entscheidend ist und die schulische Leistung seiner Schüler während des Halbjahres kaum eine Rolle spielte.

*Abb. 2 a: Sekundarstufe 1*
*Abb. 2 b: Sekundarstufe 2*

**Der Stadttölpel**
*blennus urbanus*

Diese bierbäuchigen Männer brüten oft in riesigen Kolonien der Großstädte, manche tauchen allerdings seit einiger Zeit auch im ländlichen Raum auf. Das Nest ist ein unordentlicher Bau aus Sperrholz und Treibgut, die zahlreichen Jungen werden von beiden Partnern nur zwei bis vier Jahre versorgt, danach müssen die Nestfaller sehen, wie sie selbst zur Reife gelangen (vgl. Grünschnabel).
Der Stadttölpel bewegt sich langsam und unbeholfen und hält sich am liebsten auf wenig kultiviertem Gelände auf. Bei Bedrohungen nimmt er sofort eine Abwehrstellung ein, indem er den Hals zurückbiegt und die Arme segelartig parallel zum Rücken aufstellt. Kurz vor einem freundlich gemeinten Händedruck stößt er einen Ruf aus, der wie *fpiss-d´ch* klingt und entfernt an menschliche Laute erinnert.
Man kann ihn erfolgreich durch Fußtrommeln aufscheuchen, doch schreckt er Feinde mit Stinkdrüsen.

*Abb. 1: Seltener Anblick eines Stadttölpels an der frischen Luft*

Wegen dieses unangenehmen Geruchs vergeht vielen Verfolgerinnen die Lust an der Stadttölpeljagd.
In der Morgendämmerung trifft man mitunter mehrere seiner Nestflüchter nach durchtanzten Nächten Keulen schwingend auf Bahnhofsvorplätzen der Klein- und Großstädte an (siehe Abb.). Es bietet sich an, diese Brut nur aus der Ferne zu beobachten, auch wenn es noch ganz kleine Männer ohne Haare sind.

| | |
|---|---|
| Dafür | angenehmer Partner für extrem zwanglose Frauen |
| Dagegen | sein Ambiente ist eine Müllhalde |

*Abb. 1: Gleich gefärbte Geschlechter*

## Der Hausmann

*pater familiae*

Ein Hausmann ist mit seinen Nachkömmlingen vor allem auf Wiesen und Spielplätzen anzutreffen. Einige bringen neben dem Talent zur Kinderbetreuung auch wichtige organisatorische und kaufmännische Kenntnisse mit: Ernährungslehre, Warenkunde, Lagerhaltung und Kenntnisse in Hygienelehre. Der Hausmann lernt seine Beschäftigung nicht in Wirtschaftsschulen, er kommt oft rein zufällig an seine Tätigkeit, findet sich aber autodidaktisch schnell zurecht. Manche von ihnen allerdings sind in Wirklichkeit Schwindler, die sich tagsüber auf dem Sofa lümmeln und abends über zu viel Arbeit klagen.
In Süd- und Osteuropa fehlt seine Population ganz oder ist sehr selten, im Skandinavischen und in Frankreich wiederum tritt er steuerbegünstigt recht häufig auf.
Die ersten Jahre seines Lebens reinigt und repariert der Hausmann liebevoll sein Haus (vgl. Eigenheimbesitzer), er beseitigt Abfälle und schützt seine Frau nachts vor Abkühlung. Später unternimmt er mit den Kindern kleine Orientierungsfahrten in die Umgebung, vom Spielplatz zur Laternenbastelgruppe über die Babygymnastik zurück in den Kinderhort.

## Der Gentleman

*homo comis*

Ganz oben auf der Liste bedrohter Männerarten steht der Gentleman, im deutschsprachigen Raum auch unter dem Begriff »Frauenversteher« (*homo feminarum comprehendens*) bekannt. Und doch ist er ein Überlebenskünstler, der sich allen Wirkungsbereichen von der Chefetage bis zum Fußballplatz anpasst. Vielseitig auch seine Ernährung: Was immer eine Dame anbrät oder zerkocht, er verzehrt es!

Bei Wut oder Ärger zeigt der Gentleman keine Bitternis, trotz stressbedingten Blutdrucks klingt seine etwaige Kritik wie ein halblautes schnurrendes Raunen oder ein melodisches Geplauder, das aus zwitschernden Lauten besteht.

Allein der Gentleman besitzt unter den heimischen Männern die genetisch gesteuerte Fähigkeit, dem Gespräch einer Frau zu folgen, Nachfragen zu stellen oder eigene Gedanken hinzuzufügen, die nicht weiter stören. Seine angenehme Duldsamkeit bringt er durch Nervenbahnen auf, die in extrem viel Gallertmasse eingebettet sind. Dieses bemerkenswerte Körpermerkmal eines Gentlemans lässt sich leider weder exportieren noch implantieren, sondern wird von anderen Männerarten rigoros abgestoßen.

1

GENTLEMAN
STARK BEDROHT!
NICHT FÜTTERN
NICHT FÜTTERN
NICHT FÜTTERN

2

Nach Prof. Benjamin W. Petterson aus Cambridge ist das bedauerliche Aussterben des Gentlemans notwendig, um Platz zu schaffen für das Entstehen neuer Arten. Man kann gespannt sein, was die Gattung zu bieten haben wird.

| | |
|---|---|
| DAFÜR | ein Ehrenmann |
| DAGEGEN | ein Herzensbrecher |

## Der Büroler

*equus albus officii*

Der Büroler ist der am weitesten verbreitete Mann Mitteleuropas. Sein häufigster Ruf ist ein kurzes zweisilbiges *Mahlzeit*, außerdem ruft er im Norden scharf *tschö*, im Süden sanft *servus* und europaweit zeternd in gleich welcher Sprache *haben wir immer schon so gemacht*.

Seine Beute verscharrt er in Aktenordnern oder Hängeregistern, die er später mit seinem außerordentlich feinen Geruchssinn wiederentdeckt. Zur Mittagshitze verbirgt er sich in der Kantine und entzieht sich so der Beobachtung.

Außerhalb der Bürozeiten hält er sich in Schwärmen in Kneipen auf. Seine Art kann nicht im Freien überleben, sondern nur in warmen Behausungen. Er ernährt sich von verschiedenartigen Überresten pflanzlicher und tierischer Herkunft. Träge, aber langlebig weiß er, was er an seinem Bauch hat, der so viel Bedächtigkeit ausstrahlt.

Die Horden sind streng hierarchisch geordnet: Begegnen sich zwei Büroler in Gängen und Fluren, führen sie knappe Verbeugungstänze aus. Linguistisch bemerkenswert ist, dass ein Büroler keine Verben oder Adjektive benötigt, um sich schriftlich mitzuteilen,

ERLEDIGT

sondern mit Substantiven und wenigen Präpositionen auskommt.
Der Heiratsantrag eines Bürolers ist eines der größten Wunder der Männerwelt. Bis es dazu kommt, dauert es bis zu vier Jahren, und er legt zuvor Tausende von Kilometern auf Büroluren zurück. Wenn er endlich, mit einem guten Fettpolster ausgestattet, sich zum Weibchen wagt, versagt ihm die Stimme und die Prozedur beginnt von vorn.

| | |
|---|---|
| Dafür | zuverlässiger Erlediger von Steuererklärungen |
| Dagegen | englische Hautfarbe, Figur und Konsistenz |

*Abb. 1: Ein Exemplar in seiner natürlichen Umgebung*
*Abb. 2: Ein Büroler markiert in fantasievollen Abdrücken.*

## Rätsel

Können Sie sich noch an diese Männer erinnern?
Schreiben Sie ihre Namen an die richtige Stelle.

**Auf der Suche nach Männerspuren**

Viele Männer benutzen innerhalb ihres Reviers immer denselben Weg. Wenn Sie in ein Wettbüro hineinsehen, können Sie ihre hinterlassenen Spuren entdecken, in Raucherzimmern ihre Kippen finden oder auf Sporttribünen die vielen Trinkbecher zählen. Übelste männliche Spuren finden sich auf Autobahnparkplätzen, auf denen nicht geparkt wird.

Von Golfern, Landwirten oder Jägern finden Sie besonders schöne Fußspuren, da diese sich gern in freier Natur auf schlammigen Böden fortbewegen, etwa an Bächen und Teichen, aber auch am Waldrand und auf Feldwegen.

Die beste Zeit, nach urbanen Männerspuren zu suchen, ist im Winter, wenn im Morgengrauen eine dünne Schneeschicht auf dem Asphalt liegt und etwa der Zeitungsmann bereits seine Wege geht.

Welche Spur hinterlässt welcher Mann?

Teil 1

1

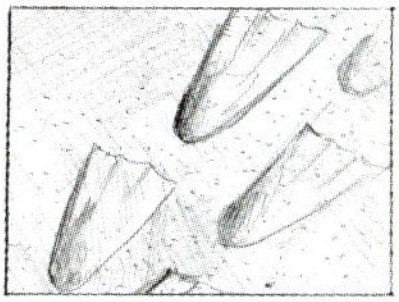

2

1 Tourist, 2 Taucher

# Welche Spur hinterlässt welcher Mann?

## Teil 2

3

4

5

6

7

8

9

10

11

12

*3 Eigenheimbesitzer, 4 Geizhals, 5 Immobilienmakler, 6 Schwätzer, 7 Büroler, 8 Stadttölpel, 9 Hausmann, 10 Drachenflieger, 11 Grünschnabel, 12 TV-Moderator*

Erkennen Sie die Herkunft dieser Männer? Versuchen Sie, sie in den richtigen Farben auszumalen.

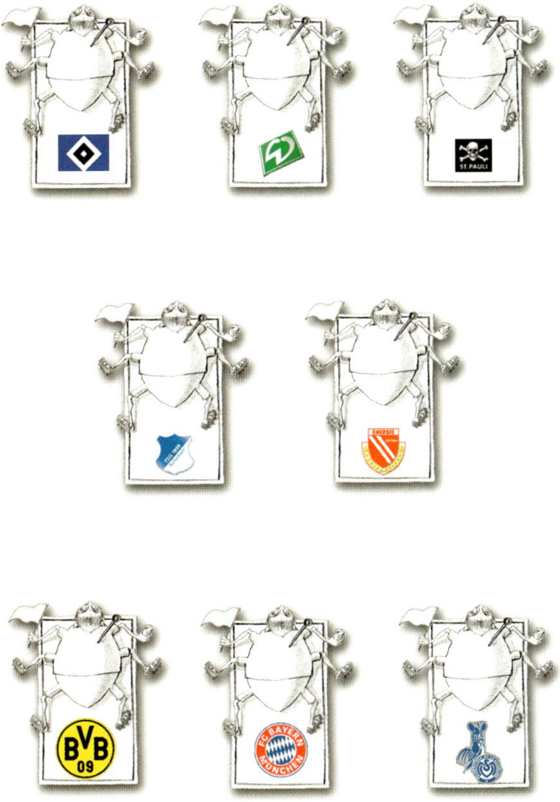

## Glossar der lateinischen Begriffe

Ich danke Stefan Swat (Köln) für seine Übersetzungen ins Lateinische.

| | |
|---|---|
| **Der Tourist** *(homo hospitor)* | der als Gast einkehrende Mann |
| **Der Grünschnabel** *(rostrum viride)* | der grüne Schnabel |
| **Der Sport-Cabriofahrer** *(auriga aprica)* | der sonnige Wagenlenker |
| **Der Drachenflieger** *(homo Ikarus)* | *frei erfunden* [in Anlehnung an die Mythologie] |
| **Der Freiberufler** *(operarius liber in paupertate)* | der freie Tagelöhner in Armut |
| **Der Taucher** *(mergus)* | der Taucher |
| **Der Landwirt** *(homo rusticus)* | Bauer, Mann vom Lande |
| **Der Fernsehmoderator** *(orator televisionis)* | Redner/Sprecher des Fernsehens |
| **Der Angsthase** *(lepus anxius)* | ängstlicher Hase |
| **Der Eigenheimbesitzer** *(dominus domus)* | Hausherr, Eigentümer |
| **Der Geizhals** *(homo avarus)* | der geizige Mensch |
| **Der Paketzusteller** *(cursor publicus)* | der Postbote |

| | |
|---|---|
| **Der Spaßvogel** *(avis ridiculusi)* | Vogel des Spaßes |
| **Der Bänker** *(negotians)* | Bankier |
| **Der Politiker** *(homo politicus)* | der politische Mann |
| **Der Arzt** *(medicus)* | der Arzt |
| **Der Kunde** *(emptor)* | *wörtl.* Käufer |
| **Der Immobilienmakler** *(procurator aedificii)* | Verwalter der Gebäude |
| **Der Schwätzer** *(homo laber)* | *selbstredend Neudeutsch* |
| **Der Friseur** *(tonsor)* | Friseur |
| **Der Lehrer** *(paedagogus)* | der Pädagoge |
| **Der Stadttölpel** *(blennus urbanus)* | der städtische Tölpel |
| **Der Hausmann** *(pater familiae)* | *entspr. mater familiae* |
| **Der Gentleman** *(homo comis)* | der freundliche, kommunikative Mann, als *homo feminarum comprehendens* = der (die) Frauen verstehende Mann |
| **Der Büroler** *(equus albus officii)* | *wörtl.* weißes Pferd, des Amtes = Amtsschimmel |

## Literaturhinweis

Folgende Bücher oder Medien haben mich für das vorliegende Buch angeregt und informiert:
**Alfred Leutscher:** Wir entdecken und bestimmen Tierspuren. Otto Maier Verlag Ravensburg 1979
**Klaus Richartz/Bruno Kremer:** Was macht der Maikäfer im Juni? Kosmos Verlag 2007
**Wegweiser durch die Natur:** Die Tiere und Pflanzen Mitteleuropas. Genehmigte Sonderausgabe für Neuer Honos Verlag, Köln, © Verlag Das Beste GmbH, Stuttgart
Viele Artikel in **Spiegel Online** Ressort Wissenschaft zur Tier- und Pflanzenwelt und **Wikipedia Enzyklopädie**

## Die Autorin

Claudia Schreiber, geb. 1958 in einem Dorf bei Kassel, war nach ihrem Studium Hörfunk- und Fernsehredakteurin beim SWF Baden-Baden und ZDF Mainz. Während ihrer Auslandsaufenthalte in Moskau und Brüssel begann sie zu schreiben. Heute lebt sie als Autorin und Journalistin in Köln, sie hat zwei erwachsene Söhne.
Ihr Roman *Emmas Glück* wurde 2006 mit Jürgen Vogel und Jördis Triebel in den Hauptrollen verfilmt und als Hörspiel vom NDR vertont, der Roman ist in acht Sprachen übersetzt und vom NDR als Hörspiel inszeniert. Ihr Kinderbuch *Sultan und Kotzbrocken* wurde vom SWR bearbeitet und liegt in vier Übersetzungen vor. Die Autorin ist zu erreichen unter www.claudiaschreiber.de

## Der Illustrator

Kai Pannen, geb. 1961 in Moers, studierte Malerei in Köln. Anfang der 90-iger Jahre begann er seine Laufbahn als Illustrator und Trickfilmer. Er illustriert für Werbeagenturen, Zeitschriftenverlage und große Industrieunternehmen. Für das ARD-Verbrauchermagazin Plusminus gestaltete er zahlreiche Trickfilmbeiträge.
Seit 2006 wendet er sich zunehmend der Buchillustration zu, u.a. mit *Olga. Auch ein Schwein darf mal traurig sein*, von dem mittlerweile ein zweiter Band vorliegt. Das Kinderbuch *Komm essen, Pfannkuchen*, das unter seiner Regie als Trickfilm umgesetzt wurde, war auch sein Debüt als Autor. Kai Pannen lebt mit seiner Familie in Hamburg.
Der Illustrator ist zu erreichen unter
www.illustrationsbuero.de